투명한 수평

투명한 수평

ANTHOLOGY

한그루

차 - 례

좀양귀비

동백을 태우며

다알리아 이야기

김애리샤

좀양귀비

내도동 알작지 해안가 마흔일곱 노총각에게 시집온
스물한 살 아가씨 빙빙**,
중국 남동부 어느 작고 추운 마을에서 왔다는 빙빙
얼음처럼 투명한 이마에 반짝이는 동그란 눈, 그리고
양 볼이 유난히 볼그스름해서 좀양귀비란 별명이 붙었네

내도동 알작지 해안가엔 5월이면 보리가 한창이고
보리밭 돌담 따라 그래도 여기가 내 집이라고
좀양귀비꽃들이 볼그스름하게 피어나 흔들리고 있네
시어머니, 말 안 통하는 며느리 바라보며 애꿎은 좀양귀
비꽃들만
휙휙 뽑아 던져 버리네
'어지럽게시리 보리밭에 붙어서…'
돌담 너머로 던져지는 꽃들, 빙빙 닮아 아무 말도 못 하네

노랗게 익어가는 보리알들 따라 고향에 보낼 생활비도
익어가네

걷지 못하는 친정엄마와 똑똑하지 못한 남동생 생각하며
　빙빙은 흐려지는 눈을 비벼보네, 그래도 여기가 제집이
라 생각하며
　좀양귀비도 빙빙도 고향이 여기는 아니지만 여기에서 뿌
리 내렸네
　뿌리 내리고 살아가면 여기가 바로 고향이네

동백을 태우며

벌어진 아침 틈으로 스며드는 냄새들이 있다
익숙하지 않다는 건 얼마나 편리한 지혜인가

시를 쓰는 일이 당신의 날개라고 말한 이후
우리는 처음 사랑하는 사람들처럼 낯을 가렸다
익숙하지 않은 냄새처럼 서로를 관망했다
그 틈에서 말ᆯ로 된 시ᄡ들이 피어났다

늙은 태양이 전달하는 밀서처럼 시들은 늘 포장되어 있
었고
그 끈을 잘라내느라 나는 하루를 다 사용해야만 했다
붉은 잎 속에서 차마 다 뱉어내지 못했던 말들이
샛노랗게 병들어 가던 봄 날,
말들은 툭툭 아무렇게나 떨어져 내렸다

그 말들을 태우며 나는 매캐한 그리움들을 받아 적었다
사방의 보이지 않는 틈 속으로 흩어져 박히는 냄새들까지

눈 속에 꾹꾹 눌러 메모했다

당신을 공중으로 밀어 올리는 관성으로 나는
붉은 노을을 피워내고 있었다
세상이 온통 불타는 동백이었다

다알리아 이야기

아주 맑고 투명한 화병 속에서 나는 붉은색 다알리아처럼 다소곳하게 시들어 가고 있다 아무리 뿌리를 내리고 싶어도 그곳은 더듬을수록 불안해지는 유리벽, 결코 뿌리를 허락하는 법이 없다 사랑이란 태초부터 불안전한 선택이었다고 믿는 것이 당연하다는 듯, 당신은 시들어가는 나를 방관傍觀한다

우리는 우리의 헤어짐이 언제쯤일지 알지 못했다 단지 무지개의 시작과 마지막에 대해 이야기 나눌 뿐, 보라색 구간을 건널 때쯤 먹구름이 몰려들고 폭우는 방관자처럼 쏟아지려나 나는 차라리 젖어들기 위해 맨발이 되었나 서로의 노예가 되기 위해 몸부림치던 밤들아, 세상의 모든 은밀한 아침들아, 나의 투명한 화병은 그러나 명료하지 못한 그림자들만 반사시킨다, 나는 계절을 잊은 채 피어난 붉은색 다알리아

오늘은 겨울비가 눈처럼 펑펑 아우성친다 사철나무 이파

리들과 다시는 생겨나지 못할 크리스마스이브에 대해 도모하고 있다 이런 날엔 꽃잎 한 장 뜯어내어 연서라도 써야 할까 나는 화병 속에서 헛발질만 하고 있다 차라리 회개의 찬송가를 부르며 새벽 속으로 울려 퍼지고 싶다 나를 연주하는 것이 당신이라고 아무런 저항 없이 믿으며 쉽게 발견되는 한 무리의 철새 떼 속으로 흘러들어가고 싶다

사랑은 때때로 하얀 겨울 위로 쏟아지는 각혈 같은 것이어서 선명한 질병으로 번진다 그것은 어쩌면 이별을 암시하는 불치병, 십이만 킬로미터 혈관들과 그 사이사이를 채우는 불순한 바람에 대해 생각했다 부풀어진 기낭氣囊이 철새들의 울음소리를 내며 지구를 세 바퀴 돌고 오는 것처럼, 당신의 방관은 아무래도 나를 풍장風葬하는 쪽으로 날려 보낸다 사랑과 이별은 유의어라고 깨닫는다 화병은 시들어가는 꽃을 위해 스스로 물을 채우지 않는다

철새들은 서로의 깃털 속으로 숨어든 다른 나라의 바람

에 대해 의심하는 습관이 있다

　우리들의 심장은 부정맥, 혈액의 들고 나는 길이가 다를
수록 바람의 맛은 쓰다

　여기는 어디의 샛길이지?

　여기는 어디의 샛길이야?*

　질문이 많아질수록 당신은 지독하게 낯익은 타인이 된다
내막을 알 수 없는 당신의 미소는 길을 잃어버리기 쉬운 미
로, 나는 갇힌다

　그래도 당신의 사랑이 나를 행복하게 합니다**

---

* 다자이 오사무의 『인간실격』 중에서
** 붉은색 다알리아의 꽃말

수월봉 水月峰

하늘 강 다슬기

귀

조직형

수월봉 水月峰

출구를 찾는 바람이 켜켜이 쌓여 있다
심연의 억압이 만든 상처,
날아든 불덩이를 안고 타버린 몸뚱이
바다를 향해 내달리다가 붙잡힌 허리를 뚝 잘라버리고
싶었다

생살을 찢고 터져 나온 울음
묵은 책장처럼 달라 붙어버린 몸
가슴에 맺힌 돌을 삼켜버린다
시커멓게 박힌 상처 자국,
별들이 바스스 가슴을 찌를 때마다
눈을 감고 몸을 낮춰 다시 바다로 내달리고 싶었다

한 겹 한 겹 세월의 치맛자락이 하늘을 가리면
그날의 산고를 잊어버릴 줄 알았다
찬 바닷물의 흐름을 어루만지며 쌓인 바람은
서로를 껴안고 절벽이 되어 견뎌야만 했다

차가운 바다의 기억은 이제 남아 있지 않았다

억압의 고통은 어쩔 수 없었다

만삭의 임산부 튼 살 같은 응회암의 편리片理,

바람의 흔적이다

물속의 둥근 달이 높이 치솟는다

하늘 강 다슬기

눈의 초점을 한곳으로 모아
길을 잃고 창을 바라다보면
물속에 잠긴 아득한 마을이 뜬다
어스름 저녁,
하늘에서 내려다보는 낮은 강바닥
작은 돌과 왕모래가 점점인 마을
말간 수면 속에서
간간이 해파리처럼 지나가는 구름을 잡는다

배배 꼬인 초록 내장까지 빼물고
깔깔거리던 어린 다슬기
가끔 바위 같은 문을 빼꼼히 열고
물컹한 발을 내딛어본다
돌 틈에 감췄던 다슬기의 작은 성
잔물결에 휘감기며 단단해진다

간질간질 발목 감싸고돌던 여린 강물이

차곡차곡 돌을 쌓아 탑을 만든다
돌 틈에 길을 찾는 다슬기 따라
도란도란 옛 골목길 해그림자 지나면
먼 길 떠나는 나그네처럼 어둠이
휑한 골목에 우두커니 선다

넓은 강은 점잖은 흐름을 잊은 채
하늘이 배경인 낮은 강바닥에
작은 돌과 왕모래 같은
다슬기 오래된 집들을 끌어안는다

귀

허술한 초소를 지나갈 때
한순간 혼자가 되어 긴장하는 것처럼
잠이 마르는 새벽 한 시
손을 놓고 우두커니 앉는다
풀벌레 소리에 귀가 밝아지는데
어둠이 눈을 감고 문 앞에서 읍(泣)한다
한 시간 전 일이 어제가 되고,
곱게 잠든 이의 귀밑머리가 희다
풀어버린 두터운 손
산등성이처럼 굽어 내리는 어깨
가는 길은 멈출 수 없는지 푸푸 호흡이 걸린다

내가 잠들지 않고 잠든 이의 얼굴을
바라보는 일
오늘의 가장 빠른 시각에
어제의 고된 얼굴로 서로가 낯설다
오늘 깨어 있는 사람이

침묵으로 벽을 깨는 일

오랫동안

마주 바라보지 못한 굽은 시간을

차곡차곡 펴 바르는 새벽 한 시

지나쳐버린 순간에도

가슴에 머금은 따뜻한 언어가 잘 들리도록

환히 길을 열어 두고 있는 귀

편지

오늘이 가득 찬 방

허유미

편지

연필을 잡으면
감자꽃은 피어납니다

당신이 도착한 곳은 북쪽 끝인가요
당신 신발에 가만히 귀 기울이면
손에 눈이 쌓입니다
눈을 밟고 한 자 한 자 걸어가면
침엽수처럼 뾰족한 연필심이 붉은 습지에 닿네요
겨울은 한 장의 종이로 끝날 수 있을까요
이별보다 먼저 여문 감자는
남쪽 햇살처럼 환합니다
새소리만 남은 빈 방에 가끔씩 기차는 오고
오래된 외투는 내려
나의 이마를 짚어주고 밤으로 웅크립니다
습지 물고기들의 뻐끔거리는 입에서 새는
젖은 달빛이 눈에 어리면
사향의 발자국을 좇아 써 내려가던 필체는

오늘 밤 국경을 넘을 수 있을까요
잠을 기울이면 감자꽃은 자욱이 마침표를 찍을까요
몇 줄의 문장에서 푸른 잎과 줄기가 나와
반지하 창문을 열어 놓습니다

연필을 눕히면 몽당 닳아진 손에
구름처럼 싹이 돋습니다

오늘이 가득 찬 방

동그라미 안으로 들어간다
시작에서 시작으로
마주 보는 사람 없이
드러내는 변명도 없이
한 덩이 미소도 되지 못한 채
바라보면 길고 건너보면 짧은
안이 밖을 채우는,
오래된 구름을 채색하다가
잎이 떨어진 자리까지만 생각하다가
보라색 침묵으로 동그라미 소리를 자르는 하루
발걸음은 사물의 중심으로 가서
발걸음은 사물의 둘레로 나온다
온몸에서 떨어져 나간 말들이
동그라미 안에서 의문형 대답을 받고
손톱처럼 고민스럽다
흐린 비처럼 비명을 지르면 더욱 선명해져
정확한 발음과 맞춤법으로 나를 꾹꾹 밟아

행이 빈자리로 옮겨 놓는,
동그라미 속 동그라미를 확인하는
동그라미가 나를 데리러 오는 길
낡은 외투에 햇볕이 잠시 망설인다

이방인

죽은 새

애월 눈 내리는

아직 오지 않은 당신

저울

서상민

이방인

그녀와 막차를 기다렸네
오줌이 마려웠네

세상의 화장실은 죄다
닫혔거나 공사 중이었네

내가 그녀를 사랑하는 건
오줌이 마려운 것만큼 분명한 거였네

오줌을 누고 오니
그녀가 가고 없었네

그날의 태양은 눈부셨네
방아쇠를 당기자
관자놀이에서 오줌이 솟구쳤네

돌아오는 택시는 슬펐네

음악은 덜컹거렸네

오줌을 누는 동안
사랑을 잃었네

내 사랑은 실패한
혁명 같으네

죽은 새

나무 위에 가는 발을 벗어놓은 새는
옳고 슬프다

신발은 떠나지 않은 길을 잃고
부리를 다친 소주병에 종이컵이 덮여있다
빈 병 가득 찬 공중으로
사막을 건너온 낙타의 눈 같은
별이 진다
젖은 공중을 마신 푸른 발이 시리다

골목길 전봇대에 전단지가 찢겨 없다
전깃줄에 앉아있는 새들이 너무 없다
아이들이 그려놓은 담벼락의 새는 지워지지 않는다
비의 깃털들이 벽 위에서 말라간다
모퉁이를 돌아서자 바다는 가고 없다

이른 눈이 한 점 한 점 바다 위로

발 없는 무게를 지운다
파도의 갈피마다 새는 거품으로 난다
발가락 사이로 모래가 빠져나간다
몸이 점점 투명해지고

새는 발을 지워
불패의 내부로 간다

애월 눈 내리는

눈 속으로 걸어간다
푹푹 발목이 사라진다
밤의 모자 속에서
길고 하얀 마술사의 손끝으로 꺼낸 나비가 심장으로 변
한다
눈 속에서 물이 자란다
너의 눈 속에 내 눈이 범람한다

눈은 먼 곳으로부터 오고
깊은 수심으로부터 오고
투명한 수평으로부터 오고

눈을 빈틈없이 채운 바람이 머리칼을 날린다
잊었던 발자국이 길을 잃는다
애월 눈 내리는 바다에서
담배 한 갑과 소주 한 병을 산다

먼 눈은 따뜻하다
눈은 가로등 노란 눈 밑에만 온다
나는 그곳에서 차갑다

너의 눈 속으로 내 눈이 잠긴다

아직 오지 않은 당신

눈 속으로 걸어간 당신이 오기 전, 나는
아직 오지 않은 당신을 만나고 있습니다
아직 오지 않은 당신은
말이 없고
눈이 먼 데 있고
손톱을 깨물며 사방을 두리번거립니다
잎 하나만을 벌려놓은 백목련 꽃잎 위로
나비 한 마리 선회하는 오후
내가 만나고 있는 당신은
나와 함께 무작정 당신을 기다립니다
이오니아 카페 아메리카노는
뮬레토 소년의 푸른 눈동자처럼 끝이 없고
오랜 대륙을 건너온 수 세기의 바람이
식어가는 커피 위에 두근거립니다
당신이 문을 열고 들어오자
싱싱한 종의 음표들이 소란해지고
아직 오지 않은 당신은 좁은 어깨를 일으켜

당신이 들어온 문 밖으로 사라집니다

당신이 들어와 앉은 의자에는

조금 전 아직 오지 않은 당신이 앉아 있었고

당신의 밝은 얼굴 뒤에는

가버린 당신의 표정이 투명합니다

당신을 만나는 사이 나는

뜯겨나간 손톱과

짓무른 손가락을 만지작거리던

아직 오지 않은 당신을 떠올립니다

저울

시도 때도 없이 아내는 저울에 올라선다
힘을 주어 홀쭉하게 아랫배를 집어넣어보지만
저울은 섣부른 기대를 용서하지 않는다

딸아이는 저울에 올라서기를 망설인다
깊게 호흡을 뱉고 저울에 올라서지만
저울은 호흡의 무게를 모른다

잔뜩 밥을 먹고 아들이 저울에 올라선다
사랑하는 여자가 있는 눈치다

아무도 없는 밤이면 나는
저울에 올라서서
본
다
형광등에 비친 그림자의 무게가
저울 위에서 잠시 깜박인다

어젯밤 뱉어버린
자책의 말들은 얼마만큼의 무게인가

반성이 무서운 나를
반성을 모르는 저울이
주눅 들게 한다
저울의 눈치를 봐야 하는
가난한 나는 더욱 뚱뚱해진다

나는 내가 누구인지 묻는데
저울은 숫자만을 내보인다

숫자가 나의 문장이 된다
나의 문장이 무릎을 꿇는다

눈 떠서 감을 때까지 나를 폭식하는
저 잔혹한 무게를 언제 내다 버리나

흰꽃나도사프란

시간의 샛강

십오세 상영 불가의 공중사다리

박양선

흰꽃나도사프란

도심지에 위치한 베두리오름, 운동하는 인파들이 비지땀
을 흘리며 언덕배기를 돌아가며 걷고 또 걷는다.
언덕배기에
꼿꼿한 줄기 하나로
꽃송이를 지탱하는
흰꽃나도사프란,
꽃송이 아래로
빼꼼히
손 내민
바람 한 조각,
그늘 한 조각,
붉은 속살 드러낸
부풀려지지 않은
무더위 한 줄기,
흰꽃나도사프란에 앉아 있네.
그늘진
외로움 한 조각

그리움 한 조각

품은 이들 가슴에

빛으로 피어있네.

시간의 샛강

샛강은 흘러갑니다. 텔레비전 채널을 돌리는 손가락 사
이로 흘러갑니다. 물비늘 햇살이 앉은 창문틀 홈을 지나,
바보상자와 마주 앉은 이 명치를 지나, 불안한 마음 중심을
지나, 액션 드라마 속 남자 머릿결을 지나, 그 남자의 여자
스커트 자락을 지나, 벽에 걸린 액자 속에 멈춰 선 추억의
순간을 지나, 보이지 않게 흐르는 습관 따라 흘러갑니다.

시간의 샛강,

너는 흘러가는 샛강이고

나는 머무르고 싶은 샛강이라

함께 흘러가지 못합니다.

십오 세 상영 불가의 공중사다리

창밖 담장 너머 나무 사이로, 파란 눈동자 두 개가 그네를 타듯 공중사다리에서 반짝인다.

구부러진 길을 걸어가다 허공에 걸린 눈동자를 바라본 고양이. '야옹' 소리에 이리 기웃 저리 기웃 귀만 쑥쑥 자란다.

담임선생님 몰래 십오 세 관람 불가 영화 상영 때, 극장 어둠 속 눈동자가 담장 밖 나무에 매달려 그네를 탄다.

'십오 세 상영 불가의 공중사다리'라 적힌 기가, 세찬 바람에 날아갈 듯 떨어질 듯 공중에서 펄럭인다.

태엽 커피

젖은 깃발

Pen

정현석

태엽 커피

한 사람이 커피 속을 헤매는 장면을 상상해 본다.
오른쪽으로 돌아가는 방향에 시선을 방치한
한낮의 커피숍,
머릿속을 헤집는 잡생각은 초바늘이 대신 잡아먹는다.

이쯤에서 시선을 분산시키는 것이 좋다.
어긋난 박자에 눈을 뜨니
여름이 창문에 턱을 괴어 숨을 헐떡이고 있다.

"저기 걸려있는 시계 좀 봐, 녹아들고 있어. 밤이 되면 물
이 되어있겠군."

규칙적인 생활음도 더위의 불협화음에 맞물려 돌아가고
부스러기 된 초바늘을 뜨거운 물에 넣어 저어본다.
그 물에 담긴 시계는 소리가 날까?

오늘도 많은 시계바늘이 커피 속을 헤집고 있다.

그 바늘은 누군가의 태엽을 움직이게 만들 것이다.

젖은 깃발

아무도 모르는 길이 배를 드러내있다.
뱀은 죽으면 배를 드러낸다는데
내가 걷는 길이 뱀의 배를 닮았다.
이 길은 언제부터 죽어있는 걸까.
구워진 길의 냄새에 질려 혀를 드러낸
내 얼굴이 뱀을 닮아가고
혀끝에 닿은 공기의 맛은 시큼하다.
마른 엄살을 달래는 비가 내리면
뱀이 젖은 몸을 뒤집고
물빛의 비늘을 움직여 풍경 아래를 기어간다.
아직 머리에 도착하지 못했는데
배경을 지고 있는 꼬리에 밀리고 말려들어간다.
그만큼 놓고 온 게 많다는 뜻이겠지.
내리막에 시선이 미끄러질까
깃발을 꺼내 나무에 묶는다.
세찬 비에도 뚜렷이 보이는
노란색,

젖은 몸짓이 손을 흔드는 것처럼 보인다.

그 배경을 향해 나도 손을 흔들었다.

기어가는 뱀의 재촉에

내 발은 다시 움직인다.

Pen

꽉 쥔 손에 서린 물기가 시린 공기를 머금고 얼어붙는다. 손 위에서 이리저리 구르던 펜이 발을 잘못 디뎌 방바닥 위를 구르며 헤엄친다. 아직 마침표를 찍지 못한 사내의 손은 불안하게 떨고 있다. 몸을 숙여 손을 뻗어도 잠깐의 여유를 즐기는 듯 펜이 물고기 되어 헤엄친다. 겨우 닿아 집어 올린 펜, 물비늘이 아직 사라지지 않았다. 펜을 잡은 손에 작은 비늘이 옮겨졌다. 주위엔 물이 고이지 않았는데 사내는 한 마리 물고기가 되어있다. 선의 파도를 넘나들며 놀던 꿈은 사람으로 깨어나면 모르지만 내던져진 펜은 그걸 알고 있다. 마침표를 찍어 떠나보낸 노트 안 하얀 바다, 그 주변에 검은 피가 고여 있다. 물고기의 숨은 아직 끊어지지 않았다.

형제섬에는 누가 살까

공중전화

갑옷

허구에게 들었다

간월암

나신들

김정순

형제섬에는 누가 살까

대답 대신 바다를 걸었다
형제섬 아래는 어떤 마을이 있을까
뼈대가 있는 가문의 멸치가
아들에게 매를 들고 돌돔이 장을 보는
그러면서 해를 먹고 그렇게 아마,

형제섬 이마에 나무는 온종일
수평선만 만지작거리다 파도를 덮고
잠을 자고,

주인은 없고 나그네만 떠도는 바닷길에서
나는 통풍에 걸려 발을 안고 주저앉았다
아니 그냥,
물 언저리 겹겹이 쌓여가는 형제섬 아래서
바다를 모아 집을 짓고
물길에게 울타리를 부탁하였다
이여 저여 천둥 칠 때마다

푸른 청각이 자라는

바위그늘에 머물고 싶어 젖은 손 털며

바람에게 엄살을 부렸다

공중전화

공중전화 고장 신고 0802580101 무료

신촌 정류장 공중전화 동전 반환구 앞에서
손을 뜯으며 씨름하는 할아버지

"아마 이 번호 열면 먹고도 오리발은 안 내밀 거야."

한적하다기보다 물속처럼 조용한 시골버스 정류장
수리공 손에서 건네주는 100원 동전 한 닢

노인은 다시 동전을 집어넣고 딸의 목소리를 기다린다
"산옥이냐? 아버지다. 울산에 잘 도착했지?
응, 응, 응, 응. 그래, 잘 알았다."

휴~ 안도하는 할아버지 한숨 소리
숨죽이던 동네 할머니도 따라 휴~

동쪽 길 따라 집으로 가는 할아버지 투덜투덜
"하마터면 동전 한 닢 잃을 뻔했네."

갑옷

풋감이 흰옷을 입에 물면 태양은
점점 노을빛 닮은 물감에 붓을 듭니다
맹물 먹은 갑옷에 햇볕을 비비면
따듯함이 묻어나는 붉은 노을이 고입니다

또 다른 하루를 담기 위하여 어머니는
언제나 갑옷을 입고 산에 오릅니다
삶은 고구마 묵은지로 점심 때우고
삭은 곳을 등에 지고 주머니에 질긴
고단을 담고 내려옵니다

밀보리 껌 찰지게 씹던 날
바느질실 길게 꿰어 멀리 시집온
어머니,
억새로 수십 년 초가를 엮고
세월을 엮었습니다
평생 곳을 짊어진 갑옷은 아직도

견고합니다

검정 쥐눈이콩, 들깨 한 줌
한 치의 엇박도 없는 사랑
갈 보자기 꼭꼭 묶은 이 향기
더는 감당 못하겠습니다
달개비 풀은 오늘도 닭장 옆에 푸릅니다

허구에게 들었다

한 번도 하늘을 본 적 없는 돼지가 해와 달을
보았다고 말했어

하늘에는 돌고래가 젖은 구름 속을 걷다가
스무 살 된 아들을 어깨에서 내려놓고
별들과 함께 바다로 내려와 삐거덕거리는
책상에 앉아 거친 세수를 하며
그 물을 유리병에 담아내는 방법을
가장 잘 꼬인 자세로 배운다고 했어
그러나 감성 없는 반응은 슬프게 했지

돌고래는 새로운 어법으로
또 한 번 베팅 준비를 하기로 했어

소통 불가능한 문장들은 제목을
방점에 두기로 하고
각각의 면은 서로 다른 빛깔로

반짝인다고 했으니까

그가 만든 빗물로 요기를 하며

오래오래 기다릴 거라고 발끝을 비비며 말했어

잘 쥐어짜고 잘 비틀어 꼬들꼬들한 문장들은

흰 종이 위에서 감성의 원소들을 녹여

불꽃 박수로 춤출 때

거울 세포 속을 다녀왔나,

어딘가 닮아 가는 표정이

돌고래 곁을 조금씩 서성인다고

돼지가 허구를 떨며 웃었어

간월암

갯가 벼랑 한쪽 풍란 한 채도
단련이 된 듯 무성하게 반긴다

젖은 길 위로 짠물이 흰 거품을
물기 시작하면 오가던 발자국 지우고
고해를 건네주는 자비로운 배 한 척
홀로 바다 위에 떠있다

해가 물속으로 잠기는 시간에
별이 떠오르면 어미 물새들
은파 따라 먹이 찾을 때
섬은 혼자임을 비로소 알게 된다

넌지시 수평선을 바라보다
외로움에 지쳐 갈 때면 바다는
길을 열어 따뜻한 품을 말없이 내어준다

소원에 귀 기울이고
주름진 마음 살피는 미소

물새처럼 떠났다 다시 돌아오며
심상히 지내온 간월암의 일상,

오늘도 조용히 섬이 되어
경전 앞에 촛불을 켠다

나신들

생명의 근원지로 부여받은
나신裸身들,
저 등판은 분명 흰 천을 깔고
옥양목 자갈을 물어
금쪽같은 비린 알을 낳아
품었으리라
지느러미가 찢기어 잘리어도
껴안아 품을 수밖에 없는
그 비린 알 존재,
바닥에 낀 이끼 속으로
은비늘 한 닢 밀어 넣으니
무시로 새김질하여
올라오는 소금맛
벌겋게 익어가는 종아리,
그 문장을 따라가
바닷물에 절여진 기억들을
뜨겁게 녹인다

쌉싸름 도라지 삶
쉼표의 시간 앞에
서 있는 나신들,
그지없이 파식되어
사라지는 시간들을
쓸어 모은다

설섬

천백 도로의 시속

환절기

김나영

섶섬

물안개 가득한 날
그대는 바람을 당겨 나를 불렀다.

그대는
감금의 낮과 밤을 지나
잘려나간 발목 위로 나이테를 긋고 있었다.

그대는
잠수들이 바다에 침범해 산호를 꺾어도
절벽 아래로 그을린 새들이 떨어져도
못 이룬 소망이 파도로 부서져도
울지 않았노라고 말했다.

그대는 하물며
가까이 있는 자신을 모른 체하는
나를 원망하지 않았다고 했다.

그대가
나를 부른 것은
내가 보고 있는 것이
남겨진 발목도
잘려진 꿈자락도
잊은 마음도
아닌
자신의 가장 낮은 자리에서
자라난 꿈이라고 말했다.

그대는
나를 당겨 숲으로, 숲으로
피어오르고 있었다.

천백도로의 시속

10킬로 소나무 이파리 사이로 빗방울이 떨어지고 있어요.

20킬로 손가락 사이로 바람이 고여 와요.

30킬로 아직 그대의 발자국 소리가 들려요.

40킬로 어쩌죠? 그대가 나를 지나가네요.

50킬로 차라리 지금이 좋아요. 멈추지 말아줘요.

60킬로 새들의 노랫소리가 들리지 않아요.

70킬로 풍경이 녹아 내려요.

80킬로 아직은 하늘의 구름이 내 눈에 머물러요.

90킬로 오늘 우리 드라이브 갈래요?

100킬로로 떠난 그대에게

환절기

능선 위로 눈발이 날린다

생기를 얼리지 못한 그대는
느려진 기억들을 돌보며 버텨본다
아니 가려는 듯 더딘 걸음으로
마른기침을 뽑아내 보지만
먼지바람 속에서 녹아만 내린다

때가 낀 잔설은
떠나지 못하는 그대를 붙들고
얼마 남지 않은 그대를 안고
계절의 경계에 서 있다

난산리 바이크

하늘강셍이

독후감

현택훈

난산리 바이크

자전거는 잠시 세워두세요
어서 오세요 여름가게예요
많이 덥죠 여기 시원한 물 한 잔 드세요
한라산에서 불어오는 바람이
땀을 식혀줄 거예요
오다가 노루를 만나진 않았나요
노루는 겁이 많으니
클랙슨은 울리지 않아도 괜찮아요
푸른 바람에 흔들리는 조릿대에게
인사를 했나요 가끔 삐쳐서
메롱, 하고 혀를 내밀기도 한답니다
꿩이 화들짝 날아올라
놀라진 않았는지요
제주도엔 새들이 많아요
새들이 원래 이 섬의 주인인걸요
다음에 올 때도
자전거를 타고 오세요

자전거 바퀴가 돌아 탱탱한 바람

슬리퍼 같은 페달이 돌아가네요

좀 더 가면 가가비물이 나올 거예요

자전거도 잠시 목을 축여야지요

하늘강셍이

벨진밧에는 별이 잠들어 있어서
흙덩이 사이로 별이 반짝이고
달진밧에는 달이 물들어 있어서
돌멩이 하나하나 집이고 무덤이네

독후감

눈보라 치던 밤이었습니다.

열한 살 어린 나는 무슨 생각이 났는지

상명리 외갓집에서

외사촌 사는 금악리까지 혼자 걸어갔습니다.

엄마가 돌아가시기 몇 년 전 일입니다.

나는 눈사람이 되어

현관문 앞에 서 있었고

노루가 마당에 내려온 줄 알았다는

외숙모가 깜짝 놀라 나를 맞이했습니다.

엄마가 수제비를 만들며

수제비가 구름 같다며 환하게 웃던

날에서 몇 개월 전 일입니다.

옷이 다 젖은 나는 팬티 바람으로

이불 속에 들어가 잠들었습니다.

다음 날 들어보니 나는

기도하는 자세로 잠이 들었다고 합니다.

엄마가 이원수李元壽 시집을 내게 내밀며

시집을 읽고도 독후감을 쓸 수 있다고 말하던
날에서 며칠 전 일입니다.

밤빨래

아킬레스와 달팽이, 크랭크 업

외부종말 반입금지

서재섭

밤빨래

놀러간 친구 집에서의 마지막 날은 미세먼지 농도가 짙
었고
그림을 배웠던 친구는 그림보다 구인광고를 더 많이 들
여다본다고 말했다

집으로 돌아오기 전
친구의 장난 같은 부탁으로 산 처음 만져본 복권이
잠시나마 들러붙은 현실을 털어냈다

함께 눈물을 뜯어먹을 수 있는 집을 사겠다고 친구가 말
하자
그래, 그래야겠어 라고
먼지보다 가벼운 대답을 들려주었지만
친구의 어깨는 평소보다 더 많은 먼지가 내려앉아 보였다

늦은 밤 잠들기 전 친구는 세탁기를 돌렸고
나는 세탁기 속 서로를 붙들고 있을 팔들을 떠올릴 때마다

더 이상 먼지가 묻지 않길 바라며 눈을 감았다

아킬레스와 달팽이*, 크랭크 업

사람마다 잠시 달팽이를 떠올리는 순간이 오면
초침의 사이는 영원히 닿지 못할 난제

어떤 이는 눈으로 이어낸 별자리로 잊혀버릴 뻔한 공식
을 그리고
어떤 이는 귀로 금고 속 메아리가 살아있다는 증명을 반
복하고

눈을 감을 때마다 흘러들어온 장면들이 모양 없는 편집
이 되는 순간
떠올리는 소용돌이
소금물에 녹아 사라진 달팽이집 속
닿지 않는 피

영사기를 돌리는 빛과 소리가 은막 뒤를 찔러도
몸을 감싸줄 집이 없기에 드는 겨울잠

크랭크를 돌리고 돌리다

달팽이 무늬보다 거울 속 표정이 더 얼룩지는 날

바닥에 떨어진 필름을 뒤따라 걷다보면

무한대로 늘어나는 장면의 풀이식

수학숙제를 가르쳐줄 어른이 없으면

집 밖으로 나오고 싶지 않아도 끝나가는 영화

어떤 아이는 달팽이집처럼 쥔 주먹을 눈앞에 대어 따라

녹으려 하고

---

* 아킬레스와 달팽이: 제논의 역설

외부종말 반입금지

누구도 관내에 종말을 들일 수는 없었다

스크린에 나온 악마는 우리가 알던 것보다 조그맣고 어쩌면 빛나는 것처럼도 보였다
낡은 기도문으로 쉽사리 불타오르는 악마를 시린 눈으로 보다가 어떤 소리가 들려왔다

관내의 침묵보다 검은 종소리
숨을 매질로 하여 퍼지는 빛의 뒷면이 들어서려 했다

불편함과 함께 흔들림이 귀밑까지 높게 차올랐을 때 모두가 음ᄈ에 잠겼다

가슴을 두껍게 베어내는 검은 금속의 표면에 얼굴들이 드러났고
금세 몸을 떨며 흩어져 버렸다가 다시 모이기를 반복했다
종말을 마칠 때까지 멈추지 않을 종이었다

구명줄에 매달린 것 마냥 크레딧이 올라가고
모든 감각을 암막으로 가려놓지만

서로를 가로막는 건물의 유리
주저앉은 이의 옆 깨진 보도블록에 고인 빗물
누구도 담지 않고 흘려보내는 망막에 잠시 스치던 표정들
악마로 바라보는 것들의 반대에 버려진 나머지 감각들이
밖으로 점차 퍼지고 있었다

영화가 끝나고 조명이 밝아왔을 때 관내에 남아있는 이
는 아무도 없었다

발등으로 바다를 쓸어

11월 22일

문보미

발등으로 바다를 쓸어

텅 빈 계절
파도는 왜 불을 켜지 않았는지

손을 뻗어
너울마다 숨어든
유채의 둥근 눈썹

지평선 명치에 기대어
짓무른 소낙비로 목을 축이는
잠수의 마지막 물질

감태공장에서 나온 옥도沃度
한라산 가슴
쇠말뚝 박은 자리에 흘러들고

침묵이 입을 열어
들이마시는 꽃물

오늘부로 봄이 왔다,
바다의 얼굴 고개를 드는

11월 22일

소설小雪이라 밤바람이 춥다고,
내게 말했어요

담쟁이 단풍이 예쁘게 폈는데
손돌바람에 다 지기 전에 보낸다,
엽서 같은 사진 두 장
저에게 보냈어요

나는 섬에서 태어나 섬에서 자랐는데
온통 평평한 곳에서
비행기가 쏟아지는 그림을 그렸는데

그때 받아둔 메시지
냉동실에 얼려 둘걸 그랬나 봐

문드러진 단풍은
제주가 습한 탓이야

손끝 모은 담쟁이

오르던 낡은 벽

오늘도 매일 단단해지고 있어서

소설小雪이라 밤바람이 춥다고,

내게 말했어요

수화 秀花

아버지도 그랬을 것이다

어쩌다 금붕어 지킴이

영락리 永樂里 삼동밭

홍미순

수화 秀花

장미꽃 반 송이를 흰색으로 색칠하고는
깊은 잠에 빠져든 할머니
병실 창문으로 들어오는 햇빛을 덮고 있다
침대 위로 줄기를 뻗는 봄날
꽃봉오리가 활짝 피면 집으로 가자며
빨간색으로 입힌 꽃봉오리
녹색으로 칠한 꽃대는 산소를 공급하고
연한 초록빛으로 숨 고르는 이파리 두 장
꽃을 들고 있는 손등은 노란색으로 칠했지만
바늘 자국이 선명하게 박혀 파랗게 변했다
손톱은 당신이 좋아하는 보라색으로 칠하다
힘에 부쳐 요동치는 맥박
꾸벅꾸벅 봄날이 간다
눈꺼풀이 감기고 밑으로 밑으로
고개를 떨구는 꽃봉오리
활짝 피지 못한 장미 언제 다시 필까
바스락 바스락 옅은 숨 내뱉는 잎사귀

소녀의 미소 짓던 날엔 조용히 비 내리고 있을까

장미꽃을 마저 색칠할 수 있을까

백장미 구름 흥얼거릴

할머니의 색칠공부는

아버지도 그랬을 것이다

고달픈 일상을 달래고 싶은 날이었을 것이다
냉장고에서 잘 숙성된 보드카를 꺼냈다
낯설음이 혀끝을 맴돌다 끌어내는 화끈거림
아버지도 그랬을 것이다
삼시세때보다 즐겨 찾았을
찬장 속까지 들어가지 못하고 늘
찬장 옆에 붙어 살던 소주병
가지런히 세워둔 병들 사이
소주병으로 위장한 물병이 끼어들었다
터벅터벅 발소리가 무거운 아버지
한잔 술에 위로받고 싶은 날
한잔의 행복을 기대했겠지
긴장한 위장병을 눈치채지 못한 아버지는
술잔을 가득 채웠다
맹맹한 것이 혀끝을 맴돌다 꿀꺽
웃음을 삼키고 있었다
누구냐?

뒤늦은 후회가 스멀스멀

입가에 머금은 미소는 보드카의 위력일까

보드카를 채워 두었다면 어땠을까

어쩌다 금붕어 지킴이

나른한 조각상이 기우는 햇살을 튕겨낸다
지팡이와 나란이 앉아 있는 할아버지 곁에는
바람을 벗 삼아 낙엽이 맴돌고
헐벗은 나뭇가지에는 깃털을 세우는 긴장감이
연못을 향하고 있다
군청 다니다 정년퇴임한 할아버지는
오늘도 공원에 나와 금붕어 숫자를 세고 있다
그늘이 내릴 때까지 소란스러운 연못 속에는
살찐 금붕어들이 꼬리를 흔들어 대고
비상을 시도하다 내려 앉기를 여러 번
허기진 눈빛만 연못에 둥둥 띄워 보내던 왜가리는
나뭇가지를 흔들며 힘없이 날아오른다
그림자를 툭툭 치며 벤치를 빠져나가는 지팡이
연못에 평화로운 밤이 찾아든다

영락리永樂里 삼동밭

교복 갈아입고 양은 도시락통 들고
삼동밭을 찾는 날은 반공일이었다
"저 큰 소낭 보멍 촟아댕기민 길 안 잊어분다"
동네 삼춘의 말을 기억하며 삼동밭을 누비고 다녔다
어쩌다 새까맣게 달린 삼동나무를 발견하면
"야호" 신호와 함께 포로롱 포로롱 모여들어
까만 이를 드러내고 웃던 웃드르 아이들
입술은 어둠보다 까맣고 시야에서 사라진 소나무
도시락통 채우다 어둠이 들어차버린 삼동밭
돌가루 날리는 공장 불빛들이 까맣다
아이들 웃음소리 삼켜버린 자동차 소음
입술이 까맣던 소녀는 사라진 유년의 곶자왈을
더듬거리며 달려보는 토요일 오후!

비가 온다

요양원 일기

그디 세워줘서

안은주

비가 온다

봐, 비가 오고 있다니깐.

비가 오고 있어.

창에 기댄 당신 얼굴을 타고 비가 흘러내려.

당신은 비를 맞고도 끊임없이 말을 쏟아내고 있네.

비 맞은 개처럼.

정수리부터 이마를 타고 눈을 지나 입술을 핥고 긴 목을
따라 흘러내리는 비를 받아낼 만한 그 무엇도 없어.

빗소리에 묻혀 당신 말이 점점 들리지 않아.

비가 오고 있어.

비가 되어 흘러내리는 나의 소중한 당신을 난 지켜낼 수 없다고.

비가 멈추길 기다릴 뿐 나에겐 방법이 없어.

당신처럼 흐느끼는 비가 오고 있어.

요양원 일기

그녀는 창문을 보면서 입을 달달 떨었다.

너무 서러워
너무 서러워

간호사는 걱정하지 말라고 했지만
그녀는 듣지 못한 채

서러움이 폭발하고,

······ 일평생 전쟁처럼 살았지······ 어둑새벽부터 깊이 새
겨진 가난은 살아오는 내내 투쟁이었어······ 어린 딸 손을
잡고 돈 꾸고 오던 길에선 기어이 울음이 터졌었지······ 끝
끝내 허리가 휘어져 더는 하늘을 볼 수 없게 되었을 때······
굳어가는 뼈에 새겨진 슬픔이 너무 아파서······ 아차, 얼른
나갈 준비를 해야 하는데······

흐린 눈 안으로 새겨진, 버릴 수 없는 찰나 같은 일생,
그저 가난하고 초라한, 어둑새벽이 오면 나갈 준비부터
하는,

오늘의 기도는
저 서러움을 위하여.

떨리는 입술 사이로 비늘이 우수수 떨어진다.

무엇을 위한 기도라고요?

그디 세워줍서

기사 양반 가다가 또똣헌디 세워줍서
무사 말이우꽈
게매 고사리 꺾으러 가젠 마씀
또똣헌디 세워줍서 양
할망! 여기 서귀포이우다
경 말하민 어떵헙니까게
거기 빈자리에 앉읍서
다쳐마씨
웃음을 참는 소리
어떵헐꺼, 저 할망
가만 놔 둡서
나랑 같이 제주시에서부터 타고 와시난
계속 같이 제주시로 돌아가면 되주마씨
하하, 호호
저마다 웃음을 흘리고
할망, 볕 잘 들어오는 자리에 앉아
어느새 꾸벅 졸고 있고

기사는 트로트에 맞춰 흥얼거리고

서귀포에 도착한 승객들은 다 내리고 없고

버스는 그렇게

할망 태우고 떠나불고

그래도 바람 부는 날이면

나무의 마음 앞에서

수확량

아침의 봄

김경언

그래도 바람 부는 날이면

허수아비처럼 우뚝하게 서서
팔을 벌려 눈을 감는다
혼자라는 것을 느끼면서
겨드랑이 밑으로 간지러운 바람의 날개를 편다
훨훨 날아 뭉개역에 내려
봄 흙냄새 맡고
아카시아 꿀 향기를 맡고
귤꽃 나는 담돌 냄새 맡고
낮게 떨리는 심장소리를 들으면서
남쪽 봄바람을 타고 여행을 떠나는
몽실역 둥실역 구름역 노을역
고향역 가족역 친구역
눈을 뜨니 현실역
전단지와 먼지가 날리고

나무의 마음 앞에서

큰 대추나무 묘목에 군침이 돈다
언제쯤 키워서 먹으려고

3월에 나무 주는 행사에서 사람들은
뿌리 긴 줄로
나무처럼 서 있다

날씨가 맑은 물도 주고 비료도 주고
나무 심기 좋은 날이라서
차례차례 언제쯤 받을까

벌써 커가는 사람들
뿌리만큼 자라나는 사람들

나무보다 먼저 더 일찍 자라겠다
나무의 마음 앞에서

수확량

오전 햇살은 저음에 맞추어져 있다
느린 걸음걸이로 돌아다녀야 찾을 수 있다
낮게 보아야 눈을 맞을 수 있다
쉼표로 서 있는 것을
마침표로 꺾어야 한다

구부정한 화석은 가시나무에 둘러싸여 있다
고생대의 흔적
조막손에서 생선 비린내가 난다
감추어진 우리의 식탐을 거부할 수 없다

들판을 헤매일까
부르는 대로 따라간다

아침의 봄

겨울 새벽에 소원을 부르는 별이 지나가면서
밝아오는 아침 햇살이 봄이 됩니다
이슬 맺힌 이른 새벽 봄이
차갑게 잠을 깨웁니다
봄의 봄 진해져가는 햇살에 쉽게 사라질지라도
옅은 미소를 배우고
환하게 피어오른 꽃들을 바라봅니다
고양이 햇살에 드러누워
잠자는 동화 속 울음이 박자를 맞춥니다
날마다 새롭게 떠오르는 아침은
봄을 닮은 아침입니다

신평리 상동 차부에서

물끝 : 애

시집은 어디에 있나요

서은석

신평리 상동 차부에서

기다리는 버스는 안 오고 애먼 데만 눈이 간다

다들 어디론가 돌아가는 중이다

경운기에 용달 짐칸에
15인승 미니버스에 강오 방석 낭푼 마호병 사이에 몸을
싣고
맥심커피 봉지만 한 위안으로 하루치를 써낸 허리 어깨
무릎 손 발을 싣고

밭일에서 돌아오는 아주망 할망들의 걸음이 재다

밭이 모두 비도록 버스는 오지 않았고 어둠보다 먼저 내
린 비에 쫓겨 떠났다

기다린다고 다 오는 건 아니었다

물끝;애

언제나 밤이었다 그곳은

녹슨 불빛이 끼익끼익 흐느끼며 발밑을 비춘다
아픈 어깨 부딪치며 잠을 자는 사물들
깔고 누운 바다는 밭은기침을 하고

생선조각 모양을 하고 누운
말라붙은 나의 일기
너울성 회한만이 덮쳐오는 포구

과거를 실은 막배가 떠날 준비를 마쳤지만
첫배는 돌아올 줄 모른다
믿음은 정박할 데를 여태 찾지 못했나

수평선을 막막히 더듬는
망향의 시선 끝에

뚝뚝 떼어 던진 한 섬 두 섬

시집은 어디에 있나요

이사 온 동네
전입신고를 하러 간다
새 주소가 붙은 주민등록증을 받고 나오니
왔던 길이 사라졌다
괜찮아 아직 주소를 외우지 못했으니까
물어 물어 동네 한 바퀴
농협은 여기에 공업사는 저기에
바다가 보이는 큰길에 버스정류장이 있고
정류장 옆에 우체국이 건너편엔 약국이
다리를 건너 마트에서 라면을 사고
파출소 다음 모퉁이 철물점에서 멀티탭을 사면서
서점은 어디에 있나요
사투리가 아니라서일까 대답이 돌아오지 않는다
천원샵에 들르고 문구점도 기웃거리다가
해장국집 국숫집을 지나고 빨래방을 돌아 이용원 옆 골
목으로
　길 끝의 낯익은 간판에 이끌려 편의점으로

어서 오세요 물은 이쪽에 휴지는 저쪽에 커피와 맥주는
안쪽 냉장고에 있습니다
　　입에 문 물음을 차마 못 하고
　　진열대 사이를 헤매다가 캔맥주만 사고 나온다
　　찾아야 할 낯선 주소를 우물우물 되새기며
　　시집은 어디에 있나요

선인장
달꽃
들꽃
찔레꽃

송두영

선인장

살아감이 가시가 되어
가슴 내어 쓴 사랑이야
거친 청춘아
쓰라림 다 말해 무엇해
뒤틀리면 뒤틀린 채
잃으면 잃은 만큼 날 세워
가는 거야
살아가는 고달픔 하나쯤 누군들 없을까
거친 시간의 사막에서
새싹 피워 지는 이곳이
죽음보다 더한 시련이야
진화의 복판에서
날카롭게 다듬어 간
나는 나
당당히 내 보여야지

달

기다려

가슴에 뜨는 또 하나의 빛

풀잎이 먼저 반짝인다

시간 따라 소리 높인 벌레는

하얗게 영근 그대를 향해

그들의 목소리로 노래하고

어깨 너머 짙게 살아온

가을날의 고요가

푸른 밤빛을 더한다

후회 없이 살았다 한들

꿈을 꾸며 살았다 한들

머지않아 떨어질 감잎처럼

떨어질 오늘

내일이 오기 전 하루를 닦아내자

빛으로 내려

어린 풀잎에

삶의 기압 등고선은

풀잎처럼 빛나는 거지

들꽃

만나겠다는 약속은 없었지만
만날 날을 기다리는
일상의 푸릇함 그대 키워
풀잎이란 이름으로
풀꽃이란 이름으로
그대 곁에 있었지
꽃 피고 지는 길에 같이 있었지

찔레꽃

기억을 담아내지 못하는 것이
어디 너뿐이랴
살다보니 돌아볼 겨를 없어
문득 바라 본 그곳
하얀 꽃 송이송이
다가가지 않아도 내놓던 향
늦은 봄날 오후
그렇게
외로움에 떠는 그리움

아침식사 아르고스

문경수

아르고스*

세찬 비와 함께 우뚝 선 네가 밀려온다
우러러본다 눈이 여러 개 달린 너

눈 감아도 희미하게 보일 만큼 환한
빛무리 안경테를 두르고 있다

늦은 밤에도 눈은 빛난다
다른 이들도 마찬가지, 대국 중인 바둑판처럼
수많은 눈동자가 초점 없이 일렁인다

비바람 불어도 눈 감을 줄 모른다
뾰족한 부리를 가진 새가 돌진해도
눈 하나 깜짝하지 않는다

너는 무표정으로
얼굴에 묻은 것을 눈물이라고 했다

투명한 창문 앞으로

새와 빗방울이 떨어진다

* 그리스 로마 신화에 등장하는 눈이 100개 달린 괴물.

아침식사

그릇에 담긴 수프가
걸쭉해진다 아,
하고 벌린 곳에 늪이 있다

아무도 없나요?

서서히 잠긴다 목이 쉬도록 외쳤는데
늪은 차분히 숨통을 조였고

실눈을 떠보니
누가 물컹한 토마토로 나를 문지르고 있다
미끄러운 바닥 때문에 자꾸 넘어진다

과육에 잔뜩 젖어
불에 타지 않고 무거워지는 동안

사랑하지만 가지지 않을 수 있나요?

경직된 몸이 바닥 닿지 않는 곳으로 떨어진다

순간 날았다

그늘진 천장을 보며
수프가 식은 이유를 곰곰이
생각하는 아침

선인장
환격
일령
기도

양인철

선인장

늙다리 마냥 푹 무너져버린 표피에
바짝 들러붙은 그 가시들을 바라보자면

참 정직하게도 흘러갔구나 싶어서
나는 아무 말 없이 고개를 숙이고

곧은 인사를 꼿꼿이 세워 놓아서
이름 석 자를 도란도란 적어놓고

정적 속에서,

멀리 하늘이 운다고 바라본다
그때는 어땠느냐고 여쭤보아도 오지 않는다

가고 남은 것들을 품에 안아도 되지 않으시던,
언제면 삶에서 벗어나 쉴 수 있냐고 물어보시던

먼먼 저 구름들을 세어보아도 채워지지 않을

아픔들이시여.

환격

나는 지금 흰색 종이 위,
검정으로 달린다.

한 획 한 획에 온몸을 실어
피 같은 잉크를 쏟는다.

풀풀 나는 찌든 내에도
견뎌내는 것.

굳어버린 잉크 끝에서
천천히 흘러 나가는 바램.

무엇인가를 걸었다는 것은
그만큼의 무엇을 얻기 위한 일

그곳이 사방이 막힌 격자 안이라도
그곳이 아무도 없는 백지 위라도

글자 하나하나가 모여 문장을 이루듯이
문장이 모여 이야기를 만들 듯이

흰색이 모이고 모여 검정을 쌓아
내일의 또 하나가 나를 만드는 일

아무것도 없어 보여도
아무것도 아닌 건 아니니까

일렁

약봉지가 파도 바람에 잔잔히 흔들렸다. 끝없이 저항하
는 내 모습이 퍼덕이는 비닐과 같다고, 그랬다. 벗어나고
싶어졌다. 다시 일어나 가야 한다면 어디로 가야 할까.

한 고개 위에 올라서니
바다가 푸르구나 높이 너울져

저 고개를 바라보다가도,
깊은 한숨과 같은 모래알들은
앞에도 뒤에도 있다면 나는 앞으로

저 고개를 넘어가다 보면
파도치는 바다 앞에
내가 서 있을 테니
부서지는 한에도 아름다울 테니

무너지는 파도 끝에 발을 담그고

가만가만 바람에 귀를 기울여서

아무 걱정 없이 잠시만 멈춰 서고파

기도

하루를 살더라도
너에게 저주를 퍼붓던
또 다른 너와 그들에게서

허상,

그곳에서 떨어져서
나와 정반대편에 있던
그 빛 속에서 머물길

그래 나는 거짓말쟁이였던 거야.
맞아, 나는 이기주의에 취한 것이지.
너의 행복을 바라는 등신이 되고 나서야
맞대는 손.

데이트 신청

발레리나

그리고 아무도 없다

강혜인

데이트 신청

찬 공기 이고 오른 시내버스,
반가운 양복 신사를 만났다

잠깐의 안부를 묻고
다음 주말에 갈게요.
쉬이 어기는 약속을 했다

나는 시린 손을 꺼내지 못했고
당신은 머문 자리를 내주고 떠났다

등이 조금 굽었지만 흐트러짐 없이
한 발 한 발
참 고집스럽게도 걸어오셨구나

지팡이로 계단을 세며 낮아지던 당신이
차창 액자 속 죄스러운 그림이 되었을 때
난 당신의 어떤 그림이었을까

가던 길 멈추어 김이 서린 내 얼굴을 어루만지던,
낯선 당신을 보려고
손 꺼내어 창을 닦아보지만
당신이 날 향해 하얗게 웃으며 흐려진다

까맣게 텅 빈 병실,
당신의 코 고는 소리가 들린다.
참 듣기 좋았는데.

할머니, 탱크 지나가요!

남매가 꺄르륵 이불 속으로 파고들던 그 밤, 그 집으로
언제 가면 될까요?

발레리나

드르륵-
무대가 열리면 춤을 춘다

공연을 마쳤지만
끝 음을 못 들었으니
다시

이 음악에 춤출 수 있는
유일한 주역,
발끝이 멈춘다.

이 음악에 이 춤을 추는 것이
내가 살 수 있는 유일한 방법입니다.

금속편이 지나가는 길에 쌓인 음들을
까치발 아래 두고
완벽한 음악에 춤을 완성한다

새로운 음이 없으면 숨이 멎는다

첫 음만이 무대를 열 수 있다

첫 음을 기대하는 관객이 올 때까지
무대가 열릴 때까지

우아한 자태로 고요히 독무를 준비한다

드르륵-

그리고 아무도 없다

봄을 기억하면

어떤 표정을 짓고 있는지 알 수 없는 뒷모습들이 있다
그 어깨 너머, 시선 둘 곳 없는 내가 웃고 있다

첫인상이 중요해,
거울 보며 연습했던 그 표정은 결국 못 지었구나.

춥다.
찬바람이 들어오는 끄트머리,
에어컨 좀 틀어 달라 찌푸리던 표정의 자리

가정통신문이 날아오르던 활주로를 밟고
레슬링이 펼쳐지던 경기장을 밟고
창문을 닫으러 가다

덜컹-

발에 걸린 삐뚤어진 의자를 바로 돌린다

의자처럼, 모든 마음을 쉽게 돌릴 수 있었다면
이렇게 혼자 궁상떨진 않겠지.

여기, 너희들이 가득하다

무
자
비

침
출
수

죽
일
년

채경진

무자비

커튼 아래서 잠이 드려는데
이 커튼은 빨아도 더러울 것 같다는 생각이 든다
내 집에선 여러모로 걸레로도 못 쓸 물건이다
내 것이 아니라 그저 더 더럽다는 생각이 들었다
그동안 다녀간 침상 주인들의 행적을 떠올려본다
아픔으로 신음했을 누군가들의 더럽고 지저분한 흔적들
애처로움도 없이 나는 이 얼룩들이 치사하고 옹졸하게
보였다
커튼이 더욱 길게 나를 응시한다

일어나 커튼을 꼬집어서 밀치니
버석거리며 묵은 때를 벗기고 있는 나무가 몸을 비틀어
서있다
흑경처럼 까만 유리창에 비친 걸레가
나무와 하나의 초점이 된다
걸레는 바싹 말라 자꾸 거친 기침을 해댄다
나는 그 걸레를 들어 박박 씻어내고 탁탁 털어

옷걸이에 반듯이 널린다
창문을 여니 깨끗해진 걸레가 뽐내듯 한들거리고
순한 코튼 냄새를 풍긴다
나는 그만 그 꼴이 얄미워
도로 확 구겨 바닥에 던지고 싶어졌다

침출수

그 해 가을에 벤 부추의 끝은 검고 붉었다
기이한 부추를 여자는 소쿠리에 가득 담아
그와 밤새 사랑하며 나눠 먹었다
칠흑 같은 달빛이 그들을 비추자
그들의 긴 포효가 비로소 멈추었다

여자는 헛구역질이 멈추지 않을 때마다
부추를 베어 먹었다
부추는 더욱 기이해졌다

넉 달이 지난 12월의 황량한 밭에서
여자는 산통을 느꼈다
아무도 없는 여자의 외딴 집에서
그의 눈빛을 닮은 아이를 품에 얻었다

아이는 잘 울지 않고 식성도 좋았다
젖을 비워낼 때마다 아이의 젖트림 내에서는 역한 기름

내가 풍겼고
　아이의 변은 기이한 푸른빛이었다
　여자에게는 아이의 그런 상태마저도 세상을 다 품은 듯
한 충만함이었다
　아이는 어미의 젖을 자꾸 치대며 무럭이 성장했다

　아이는 무던히도 제 어미의 움직임을 쫓으며
　입술을 달싹였다
　여자는 아이의 둥근 입에서 새어 나오는 첫말을 놓칠세라
　걸레질을 하다가도 옷을 개다가도
　자꾸만 아이를 보며 고개를 갸웃갸웃 움직였다

　푸릇한 부추 순이 하얀 눈처럼 쌓인 포자들 사이로 언뜻
보이기 시작할 때쯤
　드디어 아이는 첫 옹알이를 내뱉었다
　"꾸우엑."
　기묘했지만 여자는 아이의 옹알이를 따라 말했다

"꾸우엑."

돌연 아이는 쇳소리 같은 옹알이를 몇 번 더 내지르고는
붉고 까만 토를 뿜었다

그 해 봄의 부추는 섬뜩하리만치 푸르렀다

죽일 년

하얀 노모의 비명은 낮고 느려서
짐짓 꾀병처럼 들렸다

곁을 지키는 중년 여인의 표정은
피로하고 조바심이 없다
그녀는 딸일까? 며느리일까?

"죽어지켜. 죽어사 살아지켜."
이 없는 잇몸이 가로 누운 입술 사이로 붉게 비치고
앙상한 손등 위의 푸른 핏줄은 고통으로 발딱거린다

생명수를 깊게 빨아들인 노모의 육체가
안정을 찾아 푸욱 낮게 내려온다

중년 여인은 뒤틀린 노모의 다리를 가지런히 붙여두고
이불을 반듯하게 올렸다

앙 다문 노모의 입술 주름이 원망하며 움짝일 때
쓴 단내가 훅 이불 위를 배영하며 퍼진다

죽일 년, 죽을 년
노모는 숨소리인지 잠꼬대인지 모를 단어들을 내뱉었다
중년 여인은 무심히 그런 노모를 바라본다

거의 해마다 동인지를 냈는데 작년에 동인지를 내지 못
했다. 하지만 동인들은 꾸준히 모여서 시를 얘기했다. 또
해를 거를 수 없어서 회비를 모아 우리의 앤솔로지를 묶는
다. 고팡 시절 동인지까지 합치면 이번 동인지가 일곱 번
째이고, 라음으로는 네 번째 동인지다. 그동안 몇은 들어오
고, 몇은 나갔다. 사람 인연이야 어쩔 수 없는 일이다. 이번
에는 특집도 초대시도 없다. 2년 동안의 시간이 특집이라
면 특집이 아닐까. 시를 중심에 놓고 매주 모이지만 여전히
시의 길을 모르겠다. 이제 우리는 어디로 흘러갈까. 어디로
흘러가든 모두 시의 마음 그 부근에서 함께 어울릴 수 있으
면 좋겠다.

라음

계이름 중 '라'는 경쾌한 소리이면서 파열음이다. '음'은 그늘 '음(陰)'이다.
"어둡고 가난하고 약한 곳에서 밝은 변화를 찾자."라는 뜻으로 만든 말이다.
traceage@hanmail.net

라음 ANTHOLOGY

투명한 수평

2019년 12월 25일 초판 1쇄 발행

지은이	라음동인
펴낸이	김영훈
편집	김지희
디자인	부건영, 나무늘보
펴낸곳	한그루
	출판등록 제6510000251002008000003호
	제주특별자치도 제주시 복지로1길 21
	전화 064-723-7580 전송 064-753-7580
	전자우편 onetreebook@daum.net 누리방 onetreebook.com

ISBN 979-11-90482-02-8(03810)

ⓒ 라음동인, 2019

값 10,000원